Dieser
Wochenplaner gehört:

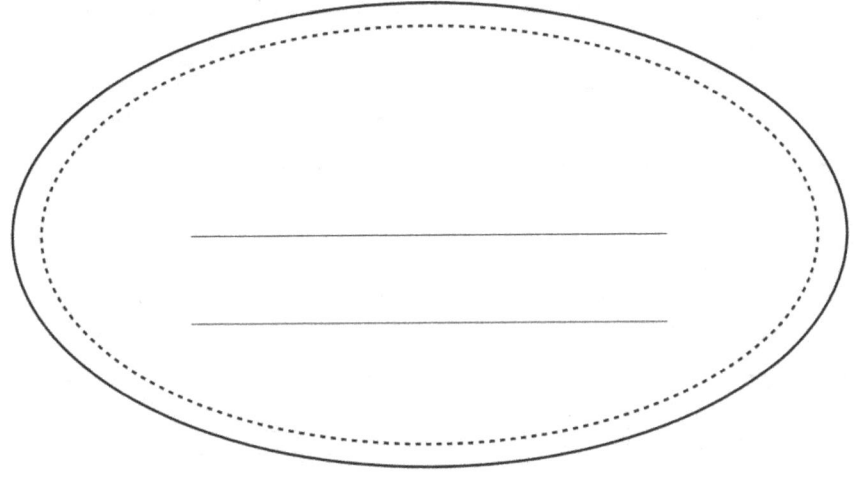

Woche vom _____ bis _____   KW: _____

Montag

Dienstag

Mittwoch

Donnerstag

Freitag

Samstag

Sonntag

Woche vom _____ bis _____   KW: ____

Montag
_____
_____
_____
_____

Dienstag
_____
_____
_____
_____

Mittwoch
_____
_____
_____
_____

Donnerstag
_____
_____
_____
_____

Freitag
_____
_____
_____
_____

Samstag
_____
_____
_____
_____

Sonntag
_____
_____
_____
_____

Woche vom _____ bis _____   KW: _____

Montag

Dienstag

Mittwoch

Donnerstag

Freitag

Samstag

Sonntag

Woche vom _____ bis _____   KW: _____

Montag

Dienstag

Mittwoch

Donnerstag

Freitag

Samstag

Sonntag

Woche vom _____ bis _____   KW: _____

Montag

Dienstag

Mittwoch

Donnerstag

Freitag

Samstag

Sonntag

Woche vom _____ bis _____   KW: _____

Montag

Dienstag

Mittwoch

Donnerstag

Freitag

Samstag

Sonntag

Woche vom _____ bis _____   KW: _____

Montag

Dienstag

Mittwoch

Donnerstag

Freitag

Samstag

Sonntag

Woche vom _____ bis _____   KW: _____

Montag

Dienstag

Mittwoch

Donnerstag

Freitag

Samstag

Sonntag

Woche vom _____ bis _____   KW: ____

Montag

Dienstag

Mittwoch

Donnerstag

Freitag

Samstag

Sonntag

Woche vom _____ bis _____   KW: _____

Montag

Dienstag

Mittwoch

Donnerstag

Freitag

Samstag

Sonntag

Woche vom _____ bis _____   KW: _____

Montag

Dienstag

Mittwoch

Donnerstag

Freitag

Samstag

Sonntag

Woche vom _____ bis _____   KW: _____

Montag

Dienstag

Mittwoch

Donnerstag

Freitag

Samstag

Sonntag

Woche vom _____ bis _____   KW: _____

Montag

Dienstag

Mittwoch

Donnerstag

Freitag

Samstag

Sonntag

Woche vom _____ bis _____   KW: _____

Montag

Dienstag

Mittwoch

Donnerstag

Freitag

Samstag

Sonntag

Woche vom _____ bis _____   KW: _____

Montag

Dienstag

Mittwoch

Donnerstag

Freitag

Samstag

Sonntag

Woche vom _____ bis _____   KW: _____

Montag

Dienstag

Mittwoch

Donnerstag

Freitag

Samstag

Sonntag

Woche vom _____ bis _____   KW: _____

Montag

Dienstag

Mittwoch

Donnerstag

Freitag

Samstag

Sonntag

Woche vom _____ bis _____   KW: _____

Montag

_____

_____

_____

_____

Dienstag

_____

_____

_____

_____

Mittwoch

_____

_____

_____

_____

Donnerstag

_____

_____

_____

_____

Freitag

_____

_____

_____

_____

Samstag

_____

_____

_____

_____

Sonntag

_____

_____

_____

_____

Woche vom _____ bis _____   KW: _____

Montag

Dienstag

Mittwoch

Donnerstag

Freitag

Samstag

Sonntag

Woche vom _____ bis _____   KW: _____

Montag

Dienstag

Mittwoch

Donnerstag

Freitag

Samstag

Sonntag

Woche vom _____ bis _____   KW: _____

Montag
_____
_____
_____
_____

Dienstag
_____
_____
_____
_____

Mittwoch
_____
_____
_____
_____

Donnerstag
_____
_____
_____
_____

Freitag
_____
_____
_____
_____

Samstag
_____
_____
_____
_____

Sonntag
_____
_____
_____
_____

Woche vom _____ bis _____   KW: _____

Montag

Dienstag

Mittwoch

Donnerstag

Freitag

Samstag

Sonntag

Woche vom _____ bis _____   KW: _____

Montag

Dienstag

Mittwoch

Donnerstag

Freitag

Samstag

Sonntag

Woche vom _____ bis _____   KW: _____

Montag

_____
_____
_____
_____

Dienstag

_____
_____
_____
_____

Mittwoch

_____
_____
_____
_____

Donnerstag

_____
_____
_____
_____

Freitag

_____
_____
_____
_____

Samstag

_____
_____
_____
_____

Sonntag

_____
_____
_____
_____

Woche vom _____ bis _____   KW: _____

Montag
_____
_____
_____
_____

Dienstag
_____
_____
_____
_____

Mittwoch
_____
_____
_____
_____

Donnerstag
_____
_____
_____
_____

Freitag
_____
_____
_____
_____

Samstag
_____
_____
_____
_____

Sonntag
_____
_____
_____
_____

Woche vom _____ bis _____   KW: ____

Montag

Dienstag

Mittwoch

Donnerstag

Freitag

Samstag

Sonntag

Woche vom _____ bis _____   KW: _____

Montag

Dienstag

Mittwoch

Donnerstag

Freitag

Samstag

Sonntag

Woche vom _____ bis _____   KW: _____

Montag

Dienstag

Mittwoch

Donnerstag

Freitag

Samstag

Sonntag

Woche vom _____ bis _____   KW: _____

Montag

Dienstag

Mittwoch

Donnerstag

Freitag

Samstag

Sonntag

Woche vom _____ bis _____   KW: _____

Montag

Dienstag

Mittwoch

Donnerstag

Freitag

Samstag

Sonntag

Woche vom _____ bis _____   KW: _____

Montag

Dienstag

Mittwoch

Donnerstag

Freitag

Samstag

Sonntag

Woche vom _____ bis _____   KW: _____

Montag

Dienstag

Mittwoch

Donnerstag

Freitag

Samstag

Sonntag

Woche vom _____ bis _____   KW: _____

Montag

Dienstag

Mittwoch

Donnerstag

Freitag

Samstag

Sonntag

Woche vom _____ bis _____   KW: _____

Montag
_____
_____
_____
_____

Dienstag
_____
_____
_____
_____

Mittwoch
_____
_____
_____
_____

Donnerstag
_____
_____
_____
_____

Freitag
_____
_____
_____
_____

Samstag
_____
_____
_____
_____

Sonntag
_____
_____
_____
_____

Woche vom _____ bis _____   KW: _____

Montag

Dienstag

Mittwoch

Donnerstag

Freitag

Samstag

Sonntag

Woche vom _____ bis _____   KW: _____

Montag

Dienstag

Mittwoch

Donnerstag

Freitag

Samstag

Sonntag

Woche vom _____ bis _____   KW: _____

Montag

Dienstag

Mittwoch

Donnerstag

Freitag

Samstag

Sonntag

Woche vom _____ bis _____   KW: _____

Montag

Dienstag

Mittwoch

Donnerstag

Freitag

Samstag

Sonntag

Woche vom _____ bis _____   KW: _____

Montag

Dienstag

Mittwoch

Donnerstag

Freitag

Samstag

Sonntag

Woche vom _____ bis _____   KW: _____

Montag

Dienstag

Mittwoch

Donnerstag

Freitag

Samstag

Sonntag

Woche vom _____ bis _____   KW: _____

Montag

Dienstag

Mittwoch

Donnerstag

Freitag

Samstag

Sonntag

Woche vom _____ bis _____   KW: ____

Montag
_____
_____
_____
_____

Dienstag
_____
_____
_____
_____

Mittwoch
_____
_____
_____
_____

Donnerstag
_____
_____
_____
_____

Freitag
_____
_____
_____
_____

Samstag
_____
_____
_____
_____

Sonntag
_____
_____
_____
_____

Woche vom _____ bis _____   KW: _____

Montag
_____
_____
_____
_____

Dienstag
_____
_____
_____
_____

Mittwoch
_____
_____
_____
_____

Donnerstag
_____
_____
_____
_____

Freitag
_____
_____
_____
_____

Samstag
_____
_____
_____
_____

Sonntag
_____
_____
_____
_____

Woche vom _____ bis _____   KW: _____

Montag

Dienstag

Mittwoch

Donnerstag

Freitag

Samstag

Sonntag

Woche vom _____ bis _____   KW: ____

Montag

Dienstag

Mittwoch

Donnerstag

Freitag

Samstag

Sonntag

Woche vom _____ bis _____   KW: _____

Montag

Dienstag

Mittwoch

Donnerstag

Freitag

Samstag

Sonntag

Woche vom _____ bis _____   KW: _____

Montag

_____
_____
_____
_____

Dienstag

_____
_____
_____
_____

Mittwoch

_____
_____
_____
_____

Donnerstag

_____
_____
_____
_____

Freitag

_____
_____
_____
_____

Samstag

_____
_____
_____
_____

Sonntag

_____
_____
_____
_____

Woche vom _____ bis _____   KW: _____

Montag

Dienstag

Mittwoch

Donnerstag

Freitag

Samstag

Sonntag

Woche vom _____ bis _____   KW: _____

Montag

Dienstag

Mittwoch

Donnerstag

Freitag

Samstag

Sonntag

Woche vom _____ bis _____   KW: _____

Montag

Dienstag

Mittwoch

Donnerstag

Freitag

Samstag

Sonntag

Woche vom _____ bis _____   KW: _____

Montag

Dienstag

Mittwoch

Donnerstag

Freitag

Samstag

Sonntag

Woche vom _____ bis _____   KW: _____

Montag
_____
_____
_____
_____

Dienstag
_____
_____
_____
_____

Mittwoch
_____
_____
_____
_____

Donnerstag
_____
_____
_____
_____

Freitag
_____
_____
_____
_____

Samstag
_____
_____
_____
_____

Sonntag
_____
_____
_____
_____

Woche vom _____ bis _____   KW: _____

Montag

Dienstag

Mittwoch

Donnerstag

Freitag

Samstag

Sonntag